MARTIN SZEGEDI

Privileg

Privileg

Gedichte

Bibliografische Information der Deutschen Nationalbibliothek: Die
Deutsche Nationalbibliothek verzeichnet diese Publikation in der
Deutschen Nationalbibliografie; detaillierte bibliografische Daten sind im
Internet über dnb.dnb.de abrufbar.

Herstellung und Verlag : BoD – Books on Demand, Norderstedt

ISBN: 978-3-7568-8217-5

Für Familie Holz*

* Inhaber der Firma "holac", wo ich, trotz ernsten psychischen Problemen, 30 Jahre lang mir ein gutes Brot verdienen durfte.

Inhalt

8

GLÜCK

Man ist in Rente –
nun wird vom Nichtstun
der Beutel nicht mehr leer,
man zehrt in Ruhe von der Ernte,
doch einer wie ich merkt das nicht sehr.

Bin abgelenkt wie soeben:
der Weg zum Glück ist voller Umleitungen.
Ratschläge hierzu geben
jeden Tag die Zeitungen.

Und stellen es dar im Mainstream,
als etwas das stets ist am Schwinden,
denn grad wenn man nicht sucht nach ihm,
kann man es eher finden.

ZUHAUS

Nur wenn man irgendwohin reist
sieht man wie gut es daheim ist,
wo Vertrautes uns umkreist
und man nichts vermisst.

Bloß ein beständigeres Wetter,
auch länger sonnig mal, mitunter,
denn es geht im Barometer
bei uns dauernd rauf und runter.

Aus einem ins andere Extrem,
das Dazwischen gibt es kaum mehr,
was nicht ist grad angenehm
sondern mit Sorgen geht einher.

Aber hier sind wir zuhaus,
mit unsern üblichen Problemen
und da hält man's gerne aus,
auch wenn man sich in Acht muss nehmen.

2018

KINDER

Wenn die Menschen keine Kinder hätten,
hielten sie's vor lauter Ruh nicht aus.
Sie schliefen öfters in fremden Betten
und wären seltener zuhaus.

Sie würden in die Ferne schweifen
so oft es auch nur ginge,
womöglich ohne zu begreifen
den wahren Stand der Dinge.

Ohne sich zu fragen nach dem Sinn
unseres Daseins auf der Welt.
Ist da wirklich nicht mehr drin
als Besitz und Geld?

Kinder können andre retten
indem sie ihre Seele heilen:
wenn manche Alten keine Enkel hätten,
würden sie sich wortwörtlich
zu Tode langweilen.

ALTE SCHULE

Herrn Ernst Holz

Ich geh jetzt seit fast
zwanzig Jahren
jeden Morgen
in die Firma rein
und es ist mir noch nie
gelungen
den Alten Chef,
    wie wir den Senior nennen,
zu grüßen
bevor nicht ER mich als Erster
gegrüßt hätte.

Es spielt sich immer wie folgt
ab:
ich steige im Hof aus dem Auto
mit der Tasche in der Hand aus,
sehe den Senior
nah an der Eingangstür beschäftigt
und nehme mir vor:
"Wann du bei fünf Meter von ihm bist
grüßt du ihn."
Und was passiert?
Ich bin bei sechseinhalb Meter
und schon ertönt sein
"Guten Morrgen!"

Ein anderes mal nahm ich
mir vor:
"Du grüßt schon bei sieben,
siebeneinhalb Meter.
Früher geht es nicht, du gehst doch
auf ihn zu."

Ich war bei acht Meter von ihm
angekommen,
schon dreht er kurz den Kopf
in meine Richtung und sagte laut:
- "Morrgen!"

12

Ich muss mich geschlagen geben,
denn wenn ich versuche
ihn unbedingt als Erster
zu grüßen,
besteht die Gefahr
dass an einem guten Morgen,
grad wann ich meine Arbeitstasche
daheim
in die Hand nehme,
neben mir das Telefon klingelt
und ich den Alten Chef
im Hörer hör:
-"Guten Morgen, Herr Szegedi!"

Ich ziehe meinen Hut
und sogar meinen Sombrero
den ich nicht hab,
und verneige mich
vor dieser Alten Schule,
tief,
bis hinein in mein Grab.

(2004)

13

VERLAGERUNG

Die Jugend ist umgezogen
von der Straße in den Cyberspace.
Hey, nun hängt mancher nicht mehr an Drogen
aber an SMS!

Hauptsache es gibt weniger Kriminelle,
die Statistik atmet auf –
dass das Leid nur verschoben wird
an eine andere Stelle,
nimmt man in Kauf.

Man ist auf der Flucht
um sich selbst zu entkommen,
doch wer im Virtuellen sein Heil sucht,
wird zum Schluss seelisch ausgenommen.

MASSLOS

Hält man die Menschen nicht im Zaum,
verkennen sie den Wert der Sachen.
Manche fällen einen ganzen Baum

um einen Zahnstocher daraus zu machen!

EINSTELLUNG

Im Berufsleben, im engsten Sinne,
hab ich mit Sicherheit gewusst,
nur wann ich die Arbeit beginne,
auch wenn's nicht verbunden war mit Frust.

Morgens wusste ich nie
wann Feierabend für mich ist.
Eine andre Führungsstrategie
habe ich auch nicht vermisst.

Denn rein terminmäßig
war es halt nicht anormal,
sondern unablässig
bis spät zu bleiben am Ball.

Und ich war fit und brauchte Geld,
was nicht war zu unterschätzen,
von Anfang an so eingestellt,
täglich Berge zu versetzen.

Um es beim Namen zu nennen:
ich wollte zeigen dass wir, die aus dem Osten,
auch was leisten können –
und nicht leben auf der andern Kosten.

BEDROHT

Die Erde ist ein Gestirn
auf dem Menschen sich vervielfachen,
doch verwenden sie ihr Hirn
nicht um es sich einfacher zu machen.

Wie lang kann man sich leisten
kompliziert zu leben?
Einmal werden die meisten
sich deswegen übergeben.

Dann wird die Menschheit ersticken
am eigenen Erbrochenen,
am Abfall und Gasen aus den Fabriken
und an den aus dem Auspuff gekrochenen.

Noch ist es nicht zu spät
uns den Finger in Hals zu stecken
und uns befrei'n von was nicht mehr geht,
ohne dass wir an unserer Gier verrecken.

AUSFALL

Fünf Jahre hatte ich nichts mehr
geschrieben oder gelesen,
das ist nicht nur beschämend -
das ist Verrat!
Bin nur noch als Schale anwesend gewesen,
immer in Balance auf einem schmalen Grat.

Fürchtend psychiatrische Verwahrung
war ich nicht mehr als Mensch am Leben,
ich tat halt schuftend nur so.
Machte aber eine neue Erfahrung:
wenn man nicht von Gittern ist umgeben,
merkt man auch nicht dass man haust im Zoo!

RENDITE

Von nun an lege ich mein Geld
in Schnaps an, bis ans End'.
Wo sonst in dieser Welt,

bekommt man schon 40 Prozent?!

GEWOHNHEIT

Nach dem Tod ins Paradies?
Da passe ich nicht hin.
Dass ich mich nie nur auf Gott verließ,
machte sicherlich auch Sinn.

Zum Beten faltet man die Hände,
doch ist das bei vielen überholt,
eine Ära geht zu Ende:
heut wird auf dem Phone gescrollt.

Und bleibt anstatt zu trauern
dem Zweifel zugetan,
man lernt sich noch mehr zu bedauern
und übertreibt dann irgendwann.

Denn, ach, des Lebens Wert und Güte
liegt in seiner Würze –
wenn nur des Menschen Glück nicht litte
an zu großer Kürze!

UNRUHESTAND

Das Berufsleben haben wir hinter uns,
nun gehn wir beide in die Lehre,
wir lernen wie man nicht kommt zu kurz
wenn man, zum Teil, lebt von der Ehre.

Wie man nicht verliert seine Würde
nur mit der Hälfte vom Lohn,
Bescheidenheit ist nicht mehr eine Zierde –
das weiß auch manches Kind heut schon.

Wir machen noch als Rentner Karriere
und schulen um zum Opa und zur Oma,
im Rest
haben wir vor uns manchmal eine Art Leere,
statt einem Trip nach Prag oder Roma.

Für so etwas reicht nicht mehr das Budget,
doch was wir uns noch können leisten
ist: manchen Tag am Badesee,
dort sind unseresgleichen die meisten.

Dort fühlen wir uns nicht mehr arm,
man glaubt
allein des Klimawandels wegen
ist es mal wieder in Deutschland warm.
Und keiner hat etwas dagegen!

OBERGRENZE

Er griff auch, ungefähr,
weit über sich hinaus.
Ließ sich von den Sternen berauschen.
Es reichte aber nicht für mehr

als zum Glühbirnen austauschen!

FERTIG

Gedichte schreiben ist ein Handicap.
Ich fing an damit als Kind,
hab aber mit ihnen nichts dazu verdient –
so war ich, in meiner Freizeit,
von Beruf ein Depp.

Andere machten nebenher Musik,
ahmten bloß die Etablierten nach.
Aber sie traten auf mit diesem Trick
und ließen sich ihn auch bezahlen, mehrfach.

Ich bin nicht nur fertig –
bin entsorgungsbedürftig sogar,
so wie ich da steh, kahl aber schnauzbärtig,
und nur für kurze Zeit noch haltbar.

Dann hab ich das Verfallsdatum erreicht
und lande mit meinem Übergewicht,
samt diesem in Eile verfassten Gedicht,
direkt auf dem Kompost.
Mit der Begründung die einem Todesurteil gleicht:
etwas zu schwere
und etwas zu leichte Kost!

DER WORKAHOLIKER

Mancher ist glücklich
obwohl er stets nur herum hurte.
Ihn aber hat man nicht gefunden
als das Glück verteilt wurde –

er machte mal wieder Überstunden!

MEDIZIN

(ich leide an Schizophrenie)

Mein Psychiater
hat mich mal beruhigt:
"Bier, Herr Szegedi,
ist das Volkspsychopharmaka
numero eins!"

Seitdem trink ich
lieber zwei statt keins!

MUSS

Ich zieh' aus die Hausschuh
um auf der Couch zu liegen,
wenn ich jetzt nichts tu',
dann nicht zum Vergnügen.

Es ist das gleiche Spiel,
bleib' ich im Sessel sitzen.
Das ist mir so zu viel,
dass ich dabei muss schwitzen.

Doch das Schlimmste beim Nichtstun
ist: man kann sich nicht beeilen.
So muss man sich nicht nur ausruh'n
sondern auch noch langweilen!

DAS AUSGELACHTE GLÜCK

Manche könnten schon denken
wir betrieben die Ehe wie einen Sport,
aber es steckt was sanfteres und tieferes dahinter.
Wir machten unser Haus zu einem Ort
an dessen Fenstern, hoch,
die Liebe wie Efeu
sich grün wird ranken auch im Winter.

In dem UNSEREN, mein' ich, auf den wir hinzugehn,
langsam aber nicht zu sicher.
Der Wahn, der Wahn,
kann mich, unerwartet, für immer wegwehn
von neben dir
und aus der kühlen Umarmung der Bücher.

Schlaf, viel Schlaf, meine Arbeit und deine Nähe
sind zusammen die beste Therapie
gegen sein Wesen, das zähe.
Denn ich sollte und muss bleiben auf der Hut.
Man sagt: so eine Wunde heile ganz nie,
man müsste damit leben,
wenn auch mehr schlecht als gut.

Hie und da reißt sie mir wieder auf,
wie ein Gespinst,
aber meistens nur für einen Augenblick.
Dann seh ich
den Mund aus einem Nacken wie er grinst
und derb uns auslacht unser Glück.

WAHRE SPITZE

Es zeugt von hoher Kompetenz
wenn man im Leben immer richtig handelt.
Aber die größte Effizienz
erreicht man,

wenn man eine Niederlage
in einen Sieg umwandelt!

TAUSCH

Nein, ich werde nicht in Rente bleiben,
nur den Beruf mit meiner Berufung tauschen.
Werde manches Gedicht zu Ende schreiben
und mich nicht von der Leere lassen berauschen.

Wie soll ich mich einlullen lassen
vom Auf-der-Couch-rumliegen?
Man kann sich mit dem Nichtstun befassen
auch ohne sich ihm zu fügen.

RENNFAHRER

Auch so kann man leben:
mit einem Fuß auf dem Gaspedal
     in der Kurve wie auch bergab
und mit dem anderen daneben –

im Grab!

HEIL'GES BLECHLE

Ich fahre einen Skoda,
das ist wie statt Bier – Soda:
man stillt sich den Durst
kriegt aber nie einen Rausch.
Ich gäbe ihn gerne in Tausch

für einen Polo,
doch bin ich nicht mehr solo.

Oder für einen BMW,
der tut mir aber im Geldbeutel zu weh.

Genauso: mit einem Daimler
wär ich, mit meiner Rente, im Eimer.

Aber ein Audi,
das wär 'ne Gaudi!

RUHESTANDEREIGNIS

Wenn man zu zweit in Rente ist
wird das Essen zum Event.
Das heißt nicht, dass man sich vollfrisst –
doch immerhin, ein paar Prozent.

Die Küche wird zur Arena,
püriert wird wie mit dem Vibrator,
Stress und Hatz sind ab jetzt kein Thema,
man dreht sich nicht mehr mit im Ventilator.

Man läuft nicht mehr wild im Kreis
und genießt die Ruhe,
im Keller, dort wo man nur selbst weiß,
ruh'n nun für immer die Sicherheitsschuhe.

Die liegen da wie bestattet
in einer Schachtel oder Tüte,
ein Mäuserich
hat sein Weibchen mehrfach drin begattet,
ohne sich zu kümmern um die Miete.

ERKÄLTUNG

Nun hilft auch nicht mehr das Bierstauchen.
Würde man sich nicht selbst
ins eigene Lebenslicht pusten,
könnt' ich doch mal eine rauchen:

um leichter zu husten!

GENESUNG

Ich weiß nicht genau was ich schreib
doch ich bin mir sicher, es ist eine Art Synthese,
wegen der ich an Seele und Leib
unwiderruflich genese.

Es lebe das Leben
mit seinen Anfängen und Enden!
Auch wenn wir uns ihm mit erhobenen Händen
schon im Kreissaal übergeben.

Und mit Tränen in den Augen,
schon mit dem Schnuller,
seinen bitteren Tee in uns saugen.

Aber wer hängt nicht an ihm,
an seiner Flasche?
Sublim
wird zuletzt wehn über dem Meer manches Asche.

Und keiner sollte weinen
sondern lächeln, in sich gekehrt.
Denn wir haben die Härte aus seinen Steinen
mit einer noch stärkeren vermehrt.

DER GEMÜTLICHE

Über Sport kann ICH nur reden.
Treiben, treiben ihn die andern,
ich geh höchstens mal zu Ostern wandern
und auch dann nicht mit einem jeden.

Ich brauch einen der nicht rennt,
mit dem ich gut Schritt halten kann.
Ach, ich bin so eine Art Mann
der danach auch gerne pennt!

Zur Not kann ich mich selbst betrügen,
die andern aber nicht.
Sport ist nicht mein Leibgericht,
ich mag anders siegen.

Doch nicht in der Großstadt,
die platzt abends vor Betrieb.
Man irrt rum auf den Straßen,
fühlt sich des öfteren verlassen
und wenn es mal gibt Rabatt,

hat man sich, für Geld, auch lieb!

LOS

Ein Riss durch Deutschland zieht:
der Süden hängt den Norden
immer weiter ab.
Absteiger: das Ruhrgebiet.

Kohlestädte
graben sich ihr eigenes Grab.

HEIMAT

Motto: "Heimat ist kein Ort mehr"
TV- Report

Bevor ich zu Fuß irgendwohin aufbreche,
trink ich noch ein Bier, diskret,
nicht dass ich liegen bleib auf der Strecke,
weil mir der Sprit ausgeht.

Dort wo es keine Kneipen gibt
und die Welt sowas ist von wüst,
dass einem in den Wegstaub umkippt
das Knochengerüst.

Es gibt schlimmeres als Heimweh,
besonders
wenn man kein Zuhaus mehr hat.
Wohin ich mich immer auch dreh',
seh' ich keine Heimat, nur noch Staat.

Alles ist heute global
und das bedeutet auch ein Stück Verlust,
das Unsichere wächst überall,
in des Einzelnen Kopf und Brust.

Heimat ist kein Ort mehr,
ich find' sie nicht, wo ich auch 'rumwühl',
einmal empfand ich sie als primär –
heut nur noch
als Remis in einem Auswärtsspiel.

LAST

Na ja.... Das Leben
ist nicht einfach, überall.
Doch niemand bereut's.
Jeder mit seinem Kreuz.

Und ich
mit meinem Bandscheibenvorfall.

DER LIFT

Wer in der Liebe manches lang verschiebt,
überhäuft sich mit Problemen.
Dabei ist die Zeit die wir uns nehmen,
auch die Zeit die uns was gibt.

Drum verharr ich nicht im Steh'n
auch wenn es mir fällt schwer,
nur denke ich manchmal so quer
dass ich nicht mal mehr grad'aus kann gehn.

Doch brauch ich keine Hetze,
als Suchender hat man genug geweint.
Ach, die Liebe die vereint
oft auch Gegensätze!

Und hebt die Paare wie ein Lift,
weit über die Wolken.
Ist dieser zu Höherem berufen,
muss man hinunter auf den Stufen
bis man das Glück antrifft:

es wird
aus dem Euter der Erde gemolken.

ENTTÄUSCHUNG

Den Straßenkehrer, der nichts umsonst kriegt,
tut folgendes immer mehr nerven:
das Geld was auf der Straße liegt,
ist bei weitem nicht das

was manche zum Fenster rauswerfen!

BEICHTE

Und wieder mal jetzt und hier,
reagiere ich mich ab,
mit einem gekühlten Bier,
weil ich nichts andres zu tun hab.

Das ist eigentlich der Grund
warum ich nicht abwinke,
und der Jahresarztbefund
bestätigt dass ich zu oft trinke.

Es sind die Leberwerte
auf die man achten muss,
wenn man sich nie versperrte
dem Alkoholgenuss.

Ob Schnaps oder Bier,
ich sag es mal so, lässig:
ich trink davon nicht viel –
aber regelmäßig.

So kann man sich verlaufen,
meistens unvorsichtig.
Lieber im Quartal einmal sich besaufen
und dann richtig!

So wird es halt empfohlen,
denn an den andern Tagen
kann sich die Leber erholen
und nicht frühzeitig versagen.

Ich habe aber das Problem
dass ich mich nicht kann betrinken,
das wäre für mich zu extrem
und so tief will ich nicht sinken.

Drum verabreiche ich mir,
das Gift bloß in kleinen Dosen,
hoffend, dass ich mich immunisier
gegen Bier und Spirituosen.

Und schreib weiter an meinem Werk,
angekettet an Flasche und Glas,
wie Prometheus einst am Berg
als der Adler ihm die Leber fraß.

GLAUBWÜRDIGKEITSVERLUST

Statt Motto: "Limburger Bischof baut sich
Residenz für 31 Millionen"
Die Presse

Die Aufklärung läuft weiter,
unaufhaltsam, wie am Schnürchen,
und das stimmt manche gar nicht heiter:
es gibt immer mehr leere Kirchen.

Obwohl das Leben immer noch
voller Ungewissheit ist und Leid,
man ist nicht mehr zu glauben bereit
man käme ins Paradies durch ein Erdloch.

Man könnte weiter leben nach dem Tod,
allein weil man eine Seele hat –
das hat man erfunden aus Not.
Heute aber, statt auf Gott,
verlässt man sich eher auf den Arzt
und den Sozialstaat.

Denn mancher lebt unter dem Kreuz geehrt
mehr als unter dem Mercedes-Stern!
Über Macht- oder Kindesmissbrauch
redet man nicht gern,
das wird unter den Talar gekehrt.

Man beißt sich fest ans Zölibat,
koste es was es wolle!
Man hat, ja, GELD – nicht bloß die Moral
ist der Kirchen eigentliches Kapital:
in unserm toleranten Staat,
spielt sie manchmal eine Nebenrolle.

Wichtig ist das Wachstum, insgesamt.
Das ist der zeitgenössische Altar
vor dem wir alle kniend beten,
wär Gott nicht so lang im Amt
würde er heute zurücktreten.

AUSBEZAHLT

Für dass ich im Osten mal geboren bin
habe ich genug geblecht,
mal in einer Münze, mal in der andern.
Ich schaffte es aus einer Diktatur zu flieh'n –
aus der eigenen Haut aber
kann man nicht auswandern.

Man bleibt gefangen in sich selbst
und blickt wie übern Zaun heraus.
Du fühlst dich vom Schicksal ausgebremst,
obwohl auch du die Brust dir wölbst,
bist du im Mutterland doch nicht zuhaus.

Ich kränkle auch noch an Schizophrenie:
ein paar Klinikaufenthalte hab ich hinter mir.
Im Noch-Einen-Draufsetzen bin ich kein Genie,
leide aber nicht an Ostalgie
und nicht alles westliche empfinde ich als Zier.

Ich glaub ich habe meinen Preis bezahlt –
aber stimmt auch, tatsächlich, die Kasse?
Auch ich werde immer endgültiger alt
und das ist keine beneidenswerte Klasse.

VERLUST

Mein Zahnarzt musste zu früh gehen,
er wusste, dass ihm das Ende naht.
Seine Abwesenheit
wird nun aus einer Lücke bestehen,
die nicht zu schließen ist

mit einem Implantat.

VERKEHRSGEFAHR

Motto: "Als wir zu dritt
Die Straße überquerten
Wurde sogar
Die Verkehrsampel
Rot."

M. Kaléko

Liebste,
wenn wir an Kreuzungen warten,
werden wegen dir die Ampeln rot,
und die Fahrer
vergessen bei Grün loszustarten
und müssen doch zum Abendbrot.

Sogar die Autos mit ihren Blinkern
flirten mit dir,
wenn sie dir zuzwinkern.
Was kann ich dafür?

Treten wir auf als Paar,
drehn sich manche nach dir um.
Du bist eine Verkehrsgefahr,
ich – nur ein Accessorium!

KREISLAUF

Was immer man auch wagt,
im Leben fährt man nicht nur erste Klasse,
man wird im Alter noch mal zum Kind.
Oder anders gesagt:
was mit dem Schnuller beginnt,

endet mit der Schnabeltasse!

NACKT

Wir leben zweimal: einmal für uns selbst
und einmal für alle,
doch ich lauf froh und ungebremst
'rein in diese Falle.

Was mir gut kommt, kann einem andern schaden
und ihm gehn an die Substanz,
durch die Straßen eilt die Ambulanz.
Jemand klammert sich an einen dünnen Faden.

Doch heut ist Zahltag
und ich bin so gut drauf als Rentier
als hätt' ich den Jackpot geknackt –
dagegen ohne Portemonnaie
fühl ich mich wie nackt.

GEBET

Aus deinem weit aufgerissenen Mund
gleitet manchmal
plötzlich
ein Arm heraus
und aus seiner geballten Faust
streckt sich
    noch eine Elle weiter
der Zeigefinger.
Gerichtet auf mich
verweist er mich
in meine Ecke
wo mich kein Weltschmerz mehr erreicht.
Ich weiß wo die ist in unserm Haus:
auf der Couch,
auf der ich mich selbst mit einem Plaid
wie mit Erde zudecke.

Was sein muss
muss sein,
ich muss Abschied nehmen
von dem Ganzen aber nicht von mir:
das Unterbewusstsein
war schon immer auf meiner Seite,
ob ich mich nun dem Traum hingebe
dass er mich in mich hinausleite
oder ob ich so ehrfürchtig schreib
                wie jetzt und hier
dass ich meine Seele hör zum Beten die Hände falten
mit dem leisesten Geräusch
das mein Bleistift macht auf dem Papier.

ABLAGERUNG

Der Verkalkung kann man nicht entgehen
im Hirn, nicht nur in den Gelenken.
So werde ich mal meine Ideen
nicht mehr zu Ende können denk

GESTÖRT

Es wird immer mein Ziel bleiben
und ich glaub dran, unvermindert.
Doch stets wenn ich
mein bestes Gedicht möcht' schreiben,
werde ich daran gehin

GENUSS

Viel brauch ich nicht suchen
nach einer Gebäcksorte,
für mich ist die beste Torte,
der Zwiebelkuchen!

So schlicht bin ich gestrickt,
vorwiegend rustikal,
ein ultraraffiniertes Mal
ist für mich fast ein Delikt.

Mit meiner Esskultur
brauch ich kein Kaviar zum Sekt,
ich möcht' bloß einfach und direkt
verbunden sein mit der Natur.

Genuss muss nicht teuer sein.
Doch wurde man als Kind verwöhnt,
prägt sich das uns derart ein
dass man sich immer danach sehnt.

INDIVIDUALISMUS

Zwischen einem Stuhl und einer Bank
wählt man heute den Stuhl.
Dort gerät man nicht mit andern in Zank,
man sitzt für sich wie in der Schul'.

Warum demnächst
nicht auch an andere denken
im europäischen Geflecht?
Wenn man auf Wahres hin will lenken,
geschieht das meistens auch mit Recht:

uns droht der Euroniedergang
stoßen wir nicht bald auf eine Lichtung.
Wir zieh'n schon alle an einem Strang,
doch nicht in die gleiche Richtung!

2013

DIE SIEGERIN

Sie kam nur langsam in Schwung,
erreichte nie ein Wettbewerbsstechen.
Aber es gelang ihr doch,
einen Rekord zu brechen –

im Eisprung!

FAMILIENGEDANKEN

Motto: " Heirate oder heirate nicht,
du wirst beides bereuen!"
Socrates

Liebste, wie viele wissen
dass wir
auch Nachwuchsproduzenten sind?
Uns gelang etwas,was andere vermissen –
wir zeugten zusammen ein Kind.

Seit vier Jahrzehnten geht's ihm bei uns gut
und bleibt allein für sich, ein Solitär.
Wir beide erfuhren
dass Zweisamkeit auch weh tut,
die Liebe geht oft mit Kummer einher.

Das ist erlebt und nicht nur angelesen
im Netz, oder bei den alten Griechen.
Vor dem Leid
kann man sich nicht ganz verkriechen,
so bleibt es und ist nie anders gewesen.

Ob man sich bindet oder nicht,
man wird beides bereuen.
Aber zu zweit
fällt das Leid
nur zur Hälfte ins Gewicht
und man kann sich doppelt freuen!

AUSGLEICH

Es ist das alte Gesellschaftsspiel
was die Welt
auch heut noch macht eintönig:
die Wenigen verfügen über viel

und die Vielen über wenig.

WANDEL I

In meiner Stadt
hat man das Gefängnis abgerissen
und eine Bibliothek
auf dem Grundstück gebaut.
Nun wimmelt es dort von Leuten
die mehr möchten wissen
anstatt von gesellschaftlichem Unkraut.

Man könnte den Knast überall abschaffen,
die Verbrecher in Bibliotheken
für einen Teil ihre Lebens stecken,

und mit dem Lesen guter Bücher bestrafen.

WENN MAN SEIN ICH VERLIERT

Motto: " Mit Absicht
kann man nichts vergessen."
TV – Report

Liebste,
einer wie ich ist nicht frei,
eher befangen. Trotz allen Rechten,
bleibe ich dabei,
wegen meinen eigenen Erfahrungen –
besonders den Schlechten.

Hab auch Träume, Wünsche, Interessen,
wie jede andere Person.
Doch zu stark gibt was andres an den Ton:
mit Absicht kann man nichts vergessen.

Drum frag lieber wer ich bin,
nicht wer ich mal war
        als in Trudeln geriet mein Sinn.
Und schau mich, bitte, nicht an zu schief:
nur wegen deinem ZUVIEL das in mich überlief,
galten wir damals
in den Augen der Andern, als vollzähliges Paar.

AUS VERSEHEN

Neben dir kann ich nicht schlafen,
ich muss was tun,
schlag mich nicht wieder auf die Hände,
die können nicht ruh'n.

Sie müssen die Segeln einholen
denn wir fahren grad ein in den Hafen,
wie soll ich nur neben dir schlafen?
Ich muss mich vergewissern
dass du noch da bist, von Kopf bis zu den Sohlen.

Die Schuhe liegen fern vom Bett,
morgen werden wir in ihnen
auf was anderes, Unbekanntes, hinzu gehn.
Sei doch mal, bitte, auch du zu mir nett
und wenn ich dann mal einschlaf,
dann nur aus Verseh'n.

RÜCKWÄRTS

Bemerkt habe ich das lange nicht:
das Wort LEBEN
liest sich rückwärts NEBEL:
auch auf der Lebensbahn
hat man nur eine geringe Sicht –
man eckt überall an.

Wie in einem Zimmer mit zu vielen Möbeln.

NICHT VON WELT

Ich find nicht rein, Tag ein, Tag aus,
in manches Gesellschaftsspiel,
drum bleibe ich meistens zuhaus
und halte still.

Bin nicht ein Mensch von Welt
der den Jetset hat entdeckt,
Champagner hab ich nie bestellt
aber manchen Sekt.

Wenn es ein guter ist,
muss es mir völlig reichen.
Kein Neid an meiner Seele frisst –
bleib unter meinesgleichen.

Dort braucht man für die Sorgen
keinen Hebekran,
und ich sag schon abends "Guten Morgen"
weil ich schnell schlafen kann.

RENTNERGEDANKEN

Wir sitzen alle in einem Boot,
doch, Liebste, wir zwei rudern nicht mehr.
Wir ruhen jetzt. Ich, nebenher,
paddle noch für ein Zubrot.

Das lenkt mich am allerbesten ab
von was ich nicht ändern kann:
obwohl ich stets stand meinen Mann,
fühl ich mich fremd bis in mein Grab.
Und nicht daheim in meiner Haut,
als rumänischer Dieb, der nie was klaut
und niemals MEHR bekam als er auch gab.

In der Heimat waren wir die Hitleristen,
hier sind wir nun, für manche, die Diebe –
obwohl wir gutes Öl waren in jedem Getriebe,
müssen wir doch unser Leben fristen
wie in einer Ehe ohne Gegenliebe.

Nun sitzen wir alle in einem Boot
und wir zwei, Liebste, rudern nicht mehr.
Wir treiben unausweichlich, bis wir verschwinden,
hinzu, in Richtung Tod.
Dann werde ich, vielleicht, meine Ruhe finden,
wenn auch nur so, nebenher.

GABE

Auch wenn Reiche im Rechnen
nie unterrichtet sind gewesen,
können sie immer noch teilen.
Und auch Analphabeten lesen –

zwischen den Zeilen!

PRIVILEG

Ich wollte ein Leben vor der Rente
und hab's, zum Teil, gehabt.
Nun hoff ich auf ein faires Ende,
bevor ihr mich begrabt.

Ich schalte einen Gang zurück
und geh vom Gas auch weg –
auf dem letzten Wegstück
gibt's noch so'n klares Privileg?

Man putzt sich gut das Brillenglas
und schaut doch trüb das Ferne.
Bei Implantaten gibt's kein Nachlass,
so hoff ich dass ich lerne

wie man auch ohne beißt ins Gras!

REINHEITSDILEMMA

Den Bauern kann man nicht mehr trauen,
sie haben die Verantwortung verloren
auf die Natur zu schauen –
früher war Sorgfalt angeboren.

Heut müssten sie hier und dort
manches Unkrautbeet anlegen,
auch wilde Blumen heiligen den Ort
und man braucht sie nicht mal pflegen.

Bevor das Gleichgewicht ganz kippt,
könnte man so rechtzeitig dienen
den Schmetterlingen, wilden Bienen,
die es beinah' nicht mehr gibt.

Sie wurden mit Giften verdrängt,
Kornblumen gibt es auch noch kaum,
auf allen Feldern wird der Raum
für Insekten eingeengt.

Denn wichtig, freilich, ist die Ernte,
die Folgen tut man übersäen,
Hauptsache es reicht bis zur Rente –
dann sollen die andern weiter sehen!

ERFINDER

Als ich jung war, hatte ich es meistens eilig,
man befürchtete das Leben zu verpassen,
seit dass ich nun Rentner bin,
ist mir die Ruhe heilig –
ich nehme alles gelassen.

Nur denk ich auch in manchen Klischees,
dagegen ist fast niemand gefeit,
und trink immer noch lieber Bier statt Tees,
gern nähm' ich mir für meine Enkel Zeit.

Denn gegenüber den Kindern,
die tolerant unter uns verweilen,
gebärden wir, Große, uns stur als Erfinder
von immer neuen Vorurteilen.

MAKEL

Ob die Regierenden was taugen,
schaut man an des Volkes Ergehen.
Warum haben die Chinesen Schlitzaugen?

Um nicht ALLES zu sehen!

VERZICHTER

Bis man mich anerkennt als Dichter
könnte man noch lange trauern,
doch du sollst mich nicht bedauern –
wir sind geübte Verzichter.

Und das besonders DU.
Mit deiner Liebe zu mir,
in diesem wirren Jetzt und Hier
verschaffst du mir Sicherheit und Ruh'.

Und hältst mir den Rücken frei,
seit eh und je, zu jeder Zeit.
Nur wegen deiner Selbstlosigkeit
gab ich nicht auf die Schreiberei.

Seit beinahe zwei Jahrzehnten
waren wir nicht mehr am Meer,
und ich weiß, du liebst's so sehr,
doch willst du auch kein Geld verschwenden,

sondern vorsorgen für später.
Wir ziehen vor daheim zu bleiben:
nur ohne Sorgen kann ich schreiben
denn ich bin Sicherheitsanbeter.

Und dabei fast eine Niete.
So fühl ich mich auch manchmal arm,
weil, nicht nur wegen deinem Charme,
du mehr Wert bist als was ICH biete!

PREIS

Kaum hatte sich mir
normalisiert die Pupille,
schon fragte einer an:
- Was kostet die Brille?

- FielMann!

DER TRINKER

Nachts, bei Nebel, an der Themse,
schaute er mal zu tief ins Glas.
Dann verwechselte er die Bremse
mit dem Gas.

Er raste gerad' aus in die Fluten,
aus denen kommt man nur schwer raus.
So gehn den Wirtshäusern die guten
Kunden aus.

Samt Auto ist er halt versunken,
und man weiß auch was das heißen soll
dass er im WASSER ist ertrunken:
es ist gefährlicher als Alkohol!

LANDESBRAUCH

Auch in Mexiko
liebt man sich auf den "Bolero".
Es ist halt so
und ich find es nicht für ungut.
Doch wächst den Pilzen dort kein Hut,

sondern... ein Sombrero!

GEFÄHRDUNG

Nun schiebe ich Überstunden
sogar mit meiner Dichterei,
und habe auch ganz nebenbei,
einen andern Stil gefunden.

Voll mit Doppelsinnigkeiten,
nur muss ich als Vers-Austeiler,
mit manchem kurzen Vierzeiler,
die Leser drauf vorbereiten.

Und mich völlig in Acht nehmen,
nicht maßlos zu übertreiben
und bis spät in die Nacht schreiben,
sonst könnte es mich noch lähmen.

Hat mich mal der Schlag getroffen,
auch wenn man schon schluckt Aspirin,
wäre mir, trotz Schutzmedizin,
vergebens jeder Weg offen.

Ich könnt' ihn nicht mehr beschreiten,
führ' er auch in eine Ferne
aus der man nicht umkehrt gerne,
zu fraglichen Gewohnheiten.

ORDEN

Liebste, ich bin mal wahnsinnig geworden,
aber sei überzeugt,
ich seh Folgendes, tief in den Menschen hineingebeugt:
nicht jeder trägt in der Welt herum so einen Orden

den ich dir jetzt heimlich verleihe,
weil du mich nicht verlassen hast.
Du tanztest durch dies aus der Reihe
und tanzt immer noch so weiter, ohne Rast.

GASTSPIEL

Wir sind auf Erden nur Touristen
im Vorübergehn,
mancher von uns bleibt niemals stehn,
fährt lieber abseits von den Pisten,

auf eigene Gefahr.
So ist man leicht verloren,
denn die Wege sind verworren
und vieles nicht ganz klar.

Hauptsache ein Ziel
schwebt uns vor den Augen,
wenn wir auch was taugen,
erreichen wir das Endspiel.

Dessen Ausgang der schmerzt tief:
in des Lebens Dämmerung,
erschallt zum Schluss der Abpfiff.
Und es gibt keine Verlängerung.

BEDENKEN

Unter den Sternen
ist es nie zu spät was neues anzupacken.
So wollte ich auch angeln lernen,
aber man sagte mir:

"Die Sache... hat einen Haken!"

- ANHANG -
Doppellbodenlyrik

(es wird empfohlen manches
zweimal zu lesen)

ERRICHTUNG

Man plante sie lange schon,
denn sie war der Traum Vieler:
eine Haltestelle für Glücksspieler
als Wetterstation.

STRAFE

Wegen einem ernsteren Delikt,
wurde ein Bergmann mit Arrest bestraft,
und das war dann strikt
KUMPELHAFT.

Als Vergeltung, obendrein,
malte er einen Polizisten nackt.
Das ging in die Geschichte ein
als Racheakt!

HANDWERKER

Ein flaches und glattes Tischlermaterial
war sein ganzer Stolz.
Es kam gut an überall,
das EBENHOLZ.

Und diente ihm sogar ideal,
dank seinem Schaffensdrang,
für ein kürzlich fertiggestelltes Portal
als Neuzugang!

TAKT

Es gehört zum guten Ton
dass man nicht darüber lache,
über dieses Ding in Führungsposition,
die Chefsache.

So steht es einem gut
und gibt noch der Mühe Sinn,
auch wenn man ist stets kaputt,
immerhin!

FETE

Sein Hirn trat selten auf der Stelle
und ähnelte zugleich
einer Monarchie voller Einfälle:
IDEENREICH.

Darum nahm man sich die Zeit
und veranstaltete, modest,
eine Feier der Persönlichkeit,
CHARAKTERFEST.

So geht man vor heute
wenn er fliegt ins Freie,
der Greifvogel junger Leute
als Jugendweihe.

DER SPIELER

Er wurde bekannt über Nacht
und zum Stolz Aller,
als jemand der eine Faust macht:
HANDBALLER!

Um in Aktion zu verharren,
nutzte er oft während der Spielzeit,
die Chance für einen Narren
als Torgelegenheit.

BUSINESS

Die Multis rieben sich die Hände
und feierten mit Alkohol,
das alleinige Erdachsenende
als Monopol.

Sie ließen sich nicht hängen
und schafften sich auch Platz
für den Verkauf von Aufgängen:
Treppenabsatz.

Nur mancher landete nach einer Zeit,
trotz seinem Schwergewicht,
beim Essen für die berufliche Tätigkeit –
vor dem Arbeitsgericht!

ERFOLGLOS

Das Pech klebte an ihm wie eine Klette
und er lebte einsam in den Tag hinein,
führend die Existenz einer Silhouette,
ein Schattendasein.

Nach längerer Zeit
fing ihn auf das soziale Netz,
mit der staatlichen Vorschrift
zur Regelung der Faulheit,
dem Trägheitsgesetz!

ALLROUND MAN

Um zu leben wie im Traum,
verwendete er einen Trick:
er machte Tonkunst im Abstellraum
und nannte sie Kammermusik.

Zwischen Tür und Angel
verlor er an Gewicht,
er litt an Futtermangel –
diese Bügelmaschine
für die innere Stoffschicht.

Doch traf er oft noch seine Ex
und liebte sie weiter
als Reiseleiter,
Steiggerät für unterwegs.

Er fuhr immer die gleiche Strecke
und hatte einen Hang zum Dünkel,
in einer bevorzugten Zimmerecke
fand er seinen Neigungswinkel.

Dank dem Navi aus seinem Wagen,
konnte er sich was ersparen
und unversehrt falsch einschlagen,
ins Heilverfahren!

SCHLUSS

Er war seit anno dazumal
nur auf eine Wirtschaft scharf,
auf dieses kleine Weinlokal,
weil man dort Tränen vergießen darf.

So ist es halt auf der Erde,
es schmeckte und passte ihm oft nicht
diese patriotische Justizbehörde:
das Nationalgericht.

Die Ärmeren wie auch die Reichen
haben darin gern getunkt,
doch er setzte dahinter ein großes Satzzeichen,
einen Elfmeterpunkt.